JN273423

ナムル100

チョン・テキョン

講談社

ナムルのここがすごい！……4
ナムルの基本の調味だれ……8
調味だれのバリエーション……9

Part 1　1種類の野菜で作る

ゆでてあえる

ほうれんそうのゆでナムル……10
小松菜のゆでナムル……12
青梗菜のゆでナムル……13
ブロッコリーのゆでナムル……14
キャベツのゆでナムル……14
セロリのゆでナムル……14
もやしのゆでナムル……14
根三つ葉のゆでナムル……16
たらの芽のゆでナムル……16
せりのゆでナムル……16
アスパラのゆでナムル……18
絹さやのゆでナムル……18
オクラのゆでナムル……18
カリフラワーのゆでナムル……20
春菊のゆでナムル……20
白菜のゆでナムル……20

炒めてあえる

にんじんの炒めナムル……22
きゅうりの炒めナムル……23
じゃが芋の炒めナムル……24
セロリの炒めナムル……24
青梗菜の炒めナムル……24
しいたけの炒めナムル……26
エリンギの炒めナムル……27
しし唐の炒めナムル……28
いんげんの炒めナムル……28
ズッキーニの炒めナムル……28
ヤングコーンの炒めナムル……30
にんにくの茎の炒めナムル……30
なすの炒めナムル……30
大根の炒めナムル……32
ごぼうの炒めナムル……32
れんこんの炒めナムル……32

蒸してあえる

大豆もやしの蒸しナムル……34
なすの蒸しナムル……35
根曲がり竹の蒸しナムル……36
しし唐の蒸しナムル……37
赤ピーマンの蒸しナムル……38
ごぼうの蒸しナムル……39

生のままあえる

きゅうりの生ナムル……40
キャベツの生ナムル……40
セロリの生ナムル……41
小松菜の生ナムル……41
クレソンの生ナムル……42
にらの生ナムル……42
ピーマンの生ナムル……43
トマトの生ナムル……43
せりの生ナムル……44
のびるの生ナムル……44
香菜の生ナムル……45
えごまの葉の生ナムル……45
長芋の生ナムル……46
えのきの生ナムル……46
大根の生ナムル……46
水菜の生ナムル……46
カリフラワーの生ナムル……48
かぶの生ナムル……48
春菊の生ナムル……49
白菜の生ナムル……49

[干し野菜で]

切り干し大根のナムル……50
干し大根葉のナムル……51
干しごぼうのナムル……52
干しれんこんのナムル……53
ぜんまいのナムル……54
干し竹の子のナムル……55
ずいきのナムル……56
干し白菜のナムル……57

[漬物で]

たくあんのナムル……58
きゅうりの浅漬けのナムル……59
野沢菜漬けのナムル……60
白菜キムチのナムル……61

コラム
これもナムル！
漬ける時間は不要！
あえるだけキムチ……62

Part 2 2種類の具で作る

[野菜＋野菜]

韓国かぼちゃとエリンギの炒めナムル……64
春菊とトマトの生ナムル……66
きゅうりとラディッシュの生ナムル……66
えのきとおかひじきの生ナムル……66

[野菜＋海藻]

万能ねぎとのりのゆでナムル……68
ひらたけと茎わかめの炒めナムル……69
赤かぶとひじきのナムル……70
赤ピーマンとわかめのナムル……71

[野菜＋魚介]

セロリとたこのナムル……72
韓国かぼちゃとえびの炒めナムル……73
大豆もやしとさきいかのナムル……74
じゃが芋といりこの炒めナムル……75

[野菜＋肉]

ルッコラとささ身のナムル……76
えごまの葉と豚肉の炒めナムル……77
きゅうりと牛肉の炒めナムル……78
にんにくの茎と牛ひき肉の炒めナムル……79

[野菜＋大豆の加工品]

セロリと油揚げのナムル……80
小松菜と油揚げの炒めナムル……81
ふきとがんもどきのナムル……82
しし唐と厚揚げのナムル……83

Part 3 ナムルの応用料理

チャプチェ……84
ビビンバ……86
ビビンめん……87
焼き飯……88
韓国のり巻き……89
ナムルの豚肉巻き……90
チヂミ……91
大豆もやしのスープ……92
納豆チゲ……93
クジョルパン……94

本書をお使いになる前に
・計量の単位は、カップ1＝200mℓ、大さじ1＝15mℓ、小さじ1＝5mℓです。
・塩は天然塩を、粉唐がらしは韓国産の粗びきを使用しています。
・材料表にある「油」は、菜種油やグレープシードオイルなど、質のよい植物油をお使いください。
・すり白ごまは、いり白ごまを半ずりにして用いてもよい。本書でも一部、半ずり白ごまを使用しています。

ナムルの
ここがすごい!

ナムルは、野菜や山菜で作る韓国のあえ物。日本ではゆでたほうれんそうのものをよく見ますが、実はいろいろな食材が使われ、調理法もひとつではありません。韓国で日々食す常備菜とされている魅力は、こんなところにあります!

1 野菜がたくさん食べられて、美容にいい

ナムルの主役は野菜です。野菜はビタミンCをはじめ、各種のビタミンやミネラル、食物繊維が豊富なうえ、抗酸化作用もあるので、美肌やアンチエイジングにも有効です。また、ナムルには体調を整える働きがあります。春は体と心を目覚めさせ、夏は暑さで疲れた体を保護し、秋は落ちた免疫力を上げ、冬は体を温めます。

2 作り方がシンプル

ナムルというと、ほうれんそうやにんじん、もやしのものくらいしか知らないという方が多いようですが、野菜の数だけナムルはあります。作り方はいたってシンプル。ゆでてあえる、炒めてあえる、蒸してあえる、生のままあえるの4種が基本です。野菜の持ち味を生かす調理法を選ぶことで、野菜本来のおいしさを味わうことができます。

3 味つけのバリエーションが豊富

基本の味つけは、塩味、しょうゆ味、みそ味、コチュジャン味の4種。例えば塩味は、好みで長ねぎのみじん切り、粉唐がらし、にんにくのすりおろしなどを足せば、さらに味の変化を楽しむことができます。この本では、基本の味つけ以外にも、からし味、魚醬(ぎょしょう)味、あみの塩辛味、えごま味の4種のバリエーションを紹介しています。野菜の個性に合わせていろいろな味を試し、好みの味を見つけてください。

ナムルの種類は、こんなにたくさん！

ナムルの ここがすごい！

4 作りおきができる

加熱したナムル（生のままあえるナムル以外）は、基本的に2～3日保存が可能です。この本では、ほうれんそうなら1束、キャベツなら1/4個というように、作りやすい分量のレシピを紹介しています。すぐに食べない分は、保存容器や密閉袋に入れて、冷蔵庫に常備しておけば、献立にもう1品ほしいときやお弁当のおかずに役立ちます。

5 応用料理がいろいろ楽しめる

おかずとしてそのまま食べるだけでなく、いろいろな料理に応用できるのもナムルの魅力です。チャプチェはナムルがあればあっという間に完成。ご飯や麺にのせればビビンバやビビンめんに。チヂミや韓国のり巻きの具にしたり、スープやチゲの具にも応用自在。ナムルは1種でも構いませんが、2～3種合わせることで相乗効果を生み、思いがけないおいしさになります。

6 ナムルで献立が簡単にできる

ナムルを使った応用料理を組み合わせれば、野菜たっぷりの献立がすぐに作れます。右ページの献立は、主菜はナムルの豚肉巻き（P90参照）で、汁物は大豆もやしのスープ（P92参照）、副菜になすの炒めナムル（P30参照）と切り干し大根のナムル（P50参照）を添えました。また、ナムルを具にした韓国のり巻き（P89参照）やクジョルパン（P94参照）は、おもてなし料理にも活躍します。

ナムルがあれば、栄養満点の一食に！

ナムルの豚肉巻き

なすの炒めナムル

切り干し大根のナムル

大豆もやしのスープ

● ナムルの基本の調味だれ

どんな野菜にも合う味つけです。1週間保存が可能なので、調味だれを作っておけば、ナムルが手軽にできます。このページでは、まとめて作る場合の分量を記載しています。また、各レシピに、そのつど作る場合の調味料の分量も素材に合わせて配合量を調整して載せていますので、使いやすいほうをご利用ください。ベースの材料だけでもおいしいですが、+α(プラスアルファ)で好みの材料を足すと、味つけの変化を楽しむことができます。

塩味だれ

作りおく場合は塩を水で溶いてから混ぜ合わせて

材料（作りやすい分量）
塩……小さじ2
水……大さじ4
すり白ごま……大さじ4
ごま油……大さじ4

+αで 酢大さじ2　粉唐がらし小さじ2　にんにくのすりおろし小さじ2　長ねぎのみじん切り大さじ4

しょうゆ味だれ

ごまやねぎの風味で味に深みが増す！酢を加えて酢じょうゆ味でも

材料（作りやすい分量）
しょうゆ……大さじ4
すり白ごま……大さじ2
ごま油……大さじ2
長ねぎのみじん切り……大さじ4

+αで 粉唐がらし小さじ2　酢大さじ2　にんにくのすりおろし小さじ2

みそ味だれ

ねぎやにんにく入りで、濃厚な味わい

材料（作りやすい分量）
みそ……大さじ4
砂糖……小さじ2
にんにくのすりおろし……小さじ2
長ねぎのみじん切り……大さじ4
すり白ごま……大さじ2
ごま油……大さじ2

+αで 粉唐がらし小さじ2

コチュジャン味だれ

コクのある辛みが楽しめる。酢を足せばマイルドに

材料（作りやすい分量）
コチュジャン……大さじ6
砂糖……大さじ2
すり白ごま……大さじ2
ごま油……大さじ2

+αで にんにくのすりおろし小さじ2　長ねぎのみじん切り大さじ4　しょうゆ大さじ2　酢大さじ4

● 調味だれのバリエーション

基本の調味料で作るたれのほかに、からし、魚醬(ぎょしょう)、あみの塩辛、えごまを使った4種のたれもナムルに合います。たれを替えると、ナムルの味わいの幅が広がります。

からし味だれ

宮廷料理にも使われる洗練された味わい

材料（作りやすい分量）
練りがらし……小さじ4
薄口しょうゆ……大さじ4
酢……大さじ2
砂糖……大さじ2
松の実のみじん切り……大さじ3

※松の実の代わりに、くるみ、ピーナッツ、カシューナッツ、かぼちゃの種、ひまわりの種でも可。

魚醬味だれ

しょっつるで親しまれている凝縮したうまみが持ち味

材料（作りやすい分量）
魚醬（または、しょっつる）……大さじ4
にんにくのすりおろし……小さじ2
長ねぎのみじん切り……大さじ4
すり白ごま……大さじ2
ごま油……大さじ2　粉唐がらし……小さじ2

※魚醬の代わりにナンプラーを用いる場合は、分量を2/3量に減らし、そのぶん、しょうゆを1/3量足してください。

あみの塩辛味だれ

キムチに欠かせない発酵食品のうまみを利用して

材料（作りやすい分量）
あみの塩辛……大さじ4
にんにくのすりおろし……大さじ1
長ねぎのみじん切り……カップ1/2
ごま油……大さじ4

えごま味だれ

韓国料理の定番、えごま油とえごま粉を使って

材料（作りやすい分量）
えごま粉……大さじ4　　塩……小さじ2
えごま油……大さじ4　　水……大さじ4

●えごまは、シソ科の植物で、葉を食用するほか、種子を搾ったえごま油はα-リノレン酸を含み、体にいい油として注目されている。生搾りと焙煎搾りがあり、焙煎したものはごま油のように香りがいい。種子をすりつぶしたえごま粉は、すりごまと同じように料理の味つけに用いる。ネットなどで購入可能。

Part 1

ゆでて
あえる

1種類の野菜で作る

身近な青菜類をはじめ、春はせりやたらの芽などの山菜、夏はオクラやなす、トマトなどの夏野菜、秋から冬はきのこ類や根菜類と、ほとんどの野菜でナムルが作れます。干し野菜や身近な漬物もナムルにできるので、ぜひお試しください。

歯触りよくゆでて、香りと食感を味わう

ほうれんそうのゆでナムル

材料（作りやすい分量）
ほうれんそう……1束
塩味だれ(P8参照)……大さじ1
（または、塩小さじ¼　すり白ごま、ごま油各小さじ2を
あらかじめ混ぜ合わせておく）

❶ 鍋に水と塩少々（分量外）を入れて煮立て、ほうれんそうを茎から入れて約1分ゆでる。歯ごたえが残るように、火を通しすぎないのがコツ。

❷ ①をざるに広げて冷ます。水っぽくなるので、水にはとらない。

❸ 水けを絞り、根ごと5cm長さに切る（根の部分にも栄養があるので切り取らない）。

❹ ③を塩味だれであえる。清潔な手の指先で軽くあえること。あえてから時間をおくと水分が出て水っぽくなるので、食べる直前にあえる。

Part 1　1種類の野菜で作る──ゆでてあえる

みそ味に赤唐がらしで辛みをプラス
小松菜のゆでナムル

材料（作りやすい分量）
小松菜……1束
A ┌ **みそ味だれ**（P8参照)……大さじ2
　│　（または、みそ大さじ1　砂糖、にんに
　│　くのすりおろし各小さじ½　長ねぎの
　│　みじん切り大さじ1　すり白ごま、ご
　│　ま油各小さじ2）
　└ 赤唐がらしの粗みじん切り……適量

作り方
❶鍋に水と塩少々（分量外）を入れて煮立て、小松菜を茎から入れて約1分ゆで、ざるに広げて冷ます。
❷①の水けを絞り、5cm長さに切ってAであえる。

Part 1 1種類の野菜で作る——ゆでてあえる

中華炒め以外のレパートリーに加えたい
青梗菜のゆでナムル

材料（作りやすい分量）
青梗菜(チンゲンツァイ)……2株
みそ味だれ(P8参照)……大さじ2
　（または、みそ大さじ1　砂糖、にんにくのすりおろし各小さじ½　長ねぎのみじん切り大さじ1　すり白ごま、ごま油各小さじ2）

作り方
❶鍋に水と塩少々（分量外）を入れて煮立て、青梗菜を茎から入れて約1分ゆで、ざるに広げて冷ます。
❷①の水けを絞り、根元を六つ割りにし、5cm長さに切ってみそ味だれであえる。

酢コチュジャン味との
組み合わせが新鮮
ブロッコリーの
ゆでナムル

サラダよりキャベツの甘みを感じる
キャベツのゆでナムル

ゆでることで水分が抜け、
味がなじみやすい
セロリのゆでナムル

にんにくとねぎの風味をプラス
もやしのゆでナムル

ブロッコリーのゆでナムル

材料（作りやすい分量）
ブロッコリー……½個
A ┌ **コチュジャン味だれ**(P8参照)
　│ 　……大さじ3
　│ （または、コチュジャン大さじ2　砂糖小さじ2　すり白ごま、ごま油各小さじ1）
　└ 酢……大さじ1

作り方
❶ブロッコリーは小房に分ける。
❷鍋に水と塩少々（分量外）を入れて煮立て、ブロッコリーを約1分ゆで、ざるに広げて冷ます。
❸②の水けをきり、Aであえる。

キャベツのゆでナムル

材料（作りやすい分量）
キャベツ……¼個
A ┌ **塩味だれ**(P8参照)……大さじ1
　│ （または、塩小さじ¼　すり白ごま、ごま油各小さじ2）
　└ 粉唐がらし……小さじ1

作り方
❶キャベツは芯を切り取り、1枚ずつはがす。
❷鍋に水と塩少々（分量外）を入れて煮立て、キャベツを約1分ゆで、ざるに広げて冷ます。
❸②の水けをきり、食べやすい大きさに切ってAであえる。

セロリのゆでナムル

材料（作りやすい分量）
セロリ……1本
塩味だれ(P8参照)……大さじ1
（または、塩小さじ¼　すり白ごま、ごま油各小さじ2）

作り方
❶鍋に水と塩少々（分量外）を入れて煮立て、セロリを鍋に入る長さに切って入れ、約1分ゆで、ざるに広げて冷ます。
❷①を5cm長さの太めの棒状に切り、塩味だれであえる。

もやしのゆでナムル

材料（作りやすい分量）
もやし……1袋
A ┌ **塩味だれ**(P8参照)……大さじ1
　│ （または、塩小さじ¼　すり白ごま、ごま油各小さじ2）
　│ にんにくのすりおろし
　│ 　……小さじ½
　└ 長ねぎのみじん切り……大さじ1

作り方
❶鍋に水と塩少々（分量外）を入れて煮立て、もやしを約30秒ゆで、ざるに広げて冷ます。
❷①の水けをきり、Aであえる。

Part 1　1　種類の野菜で作る――ゆでてあえる

根三つ葉のゆでナムル

材料（作りやすい分量）
根三つ葉……½束
A ┌ **塩味だれ**(P8参照)……大さじ1
　│　（または、塩小さじ¼　すり白ごま、
　│　ごま油各小さじ2）
　└ いり黒ごま……小さじ¼

作り方
❶根三つ葉は根元を切り落とす。
❷鍋に水と塩少々（分量外）を入れて煮立て、根三つ葉を茎から入れて約30秒ゆで、ざるに広げて冷ます。
❸②の水けをきり、5cm長さに切ってAであえる。

たらの芽のゆでナムル

材料（作りやすい分量）
たらの芽……1パック
A ┌ **コチュジャン味だれ**(P8参照)
　│　……大さじ2
　│　（または、コチュジャン大さじ1　砂
　│　糖、すり白ごま、ごま油各小さじ1)
　│ 酢……大さじ2
　│ 赤唐がらし、青唐がらしの粗みじん
　└ 　切り……各少々

作り方
❶たらの芽は根元に包丁で十字に切り目を入れる。
❷鍋に水と塩少々（分量外）を入れて煮立て、たらの芽を約1分ゆで、ざるに広げて冷ます。
❸②の水けをきり、Aであえる。

せりのゆでナムル

材料（作りやすい分量）
せり……1束
塩味だれ(P8参照)……大さじ1
　（または、塩小さじ¼　すり白ごま、ごま油各小さじ2）

作り方
❶鍋に水と塩少々（分量外）を入れて煮立て、せりを茎から入れてさっと湯にくぐらせ、ざるに広げて冷ます。
❷①の水けを絞り、5cm長さに切って塩味だれであえる。

独特の爽やかな香りを
塩味だれが引き立てる
根三つ葉のゆでナムル

苦みのある山菜に
コチュジャン味がマッチ
たらの芽のゆでナムル

シンプルだからこそ
香りのよさを堪能できる
せりのゆでナムル

Part 1　1種類の野菜で作る——ゆでてあえる

子どもには
小さく刻んでどうぞ
アスパラのゆでナムル

彩り野菜も
おかずの1品になる！
絹さやのゆでナムル

粘りのあるオクラは
メリハリのある味に
オクラのゆでナムル

アスパラのゆでナムル

材料（作りやすい分量）
グリーンアスパラガス……1束
A ┌ **塩味だれ**(P8参照)……大さじ1
  │ （または、塩小さじ¼　すり白ごま、
  │ ごま油各小さじ2）
  └ いり黒ごま……小さじ¼

作り方
❶鍋に水と塩少々（分量外）を入れて煮立て、アスパラガスを根元から入れて約1分ゆで、ざるに広げて冷ます。
❷根元の固い皮をピーラーでむいて5㎝長さに切り、Aであえる。

絹さやのゆでナムル

材料（作りやすい分量）
絹さや……1袋
みそ味だれ(P8参照)……大さじ1
（または、みそ小さじ1　砂糖小さじ¼　長ねぎのみじん切り小さじ1　にんにくのすりおろし小さじ½　すり白ごま、ごま油各小さじ1）

作り方
❶絹さやはへたと筋を取る。
❷鍋に水と塩少々（分量外）を入れて煮立て、絹さやを約1分ゆで、ざるに広げて冷ます。
❸②をみそ味だれであえる。

オクラのゆでナムル

材料（作りやすい分量）
オクラ……1袋
A ┌ **みそ味だれ**(P8参照)……大さじ1
  │ （または、みそ大さじ½　砂糖小さ
  │ じ¼　長ねぎのみじん切り小さじ1
  │ にんにくのすりおろし小さじ½　す
  │ り白ごま、ごま油各小さじ1）
  └ コチュジャン……小さじ1

作り方
❶鍋に水と塩少々（分量外）を入れて煮立て、オクラを約1分ゆで、ざるに広げて冷ます。
❷①を2〜3等分の長さに切り、Aであえる。

Part 1　1 種類の野菜で作る ── ゆでてあえる

カリフラワーのゆでナムル

材料（作りやすい分量）
カリフラワー……1/2個
A ┃ **塩味だれ**(P8参照)……大さじ1
　┃ （または、塩小さじ1/4　すり白ごま、
　┃ ごま油各小さじ2）
　┃ 黒こしょう……少々

作り方
❶カリフラワーは小房に分ける。
❷鍋に水と塩少々（分量外）を入れて煮立て、カリフラワーを約1分ゆで、ざるに広げて冷ます。
❸②の水けをきり、Aであえる。

春菊のゆでナムル

材料（作りやすい分量）
春菊……1束
A ┃ **塩味だれ**(P8参照)……大さじ1
　┃ （または、塩小さじ1/4　すり白ごま、
　┃ ごま油各小さじ2）
　┃ 長ねぎのみじん切り……大さじ1

作り方
❶鍋に水と塩少々（分量外）を入れて煮立て、春菊を茎から入れて約1分ゆで、ざるに広げて冷ます。
❷①の水けを絞り、5cm長さに切ってAであえる。

白菜のゆでナムル

材料（作りやすい分量）
白菜……1/6株
A ┃ **みそ味だれ**(P8参照)……大さじ2
　┃ （または、みそ大さじ1　砂糖、にん
　┃ にくのすりおろし各小さじ1/2　長ね
　┃ ぎのみじん切り大さじ1　すり白ご
　┃ ま、ごま油各小さじ2）
　┃ 粉唐がらし……小さじ1

作り方
❶白菜は芯を切り取り、1枚ずつはがす。
❷鍋に水と塩少々（分量外）を入れて煮立て、白菜を約1分ゆで、ざるに広げて冷ます。
❸②の水けを絞り、5cm長さに切って軸は細切りにし、Aであえる。

黒こしょうで
ピリッと味を引き締めて
カリフラワーのゆでナムル

春菊の香りのよさを実感できる!
春菊のゆでナムル

辛みを足したみそ味が相性抜群!
白菜のゆでナムル

Part 1

1種類の野菜で作る——ゆでてあえる

炒めて あえる

たれを加えたら余熱で味をなじませて
にんじんの炒めナムル

材料（作りやすい分量）
にんじん……1本
A
- **塩味だれ**(P8参照)……大さじ1
  （または、塩小さじ¼　すり白ごま、
  ごま油各小さじ2）
- 黒こしょう……少々

油……小さじ2

作り方
❶にんじんは5cm長さの短冊切りにする。
❷フライパンに油を熱してにんじんを炒め、しんなりしたら火を止める。Aを加え、余熱でさらに炒めて味をなじませる。

Part 1 1種類の野菜で作る——炒めてあえる

ごま油で炒めてきゅうりの青臭さを解消
きゅうりの炒めナムル

材料（作りやすい分量）
きゅうり……2本
にんにくのすりおろし……小さじ1
A ┌ **塩味だれ**(P8参照)……大さじ1
　│ （または、塩小さじ¼　すり白ごま、
　│ 　ごま油各小さじ2）
　└ 黒こしょう……少々
ごま油……大さじ1

作り方
❶きゅうりは縦半分に切ってから斜め薄切りにする。
❷フライパンにごま油を熱し、にんにくのすりおろしときゅうりを炒め、きゅうりがしんなりしたらAを加えてさらに炒め、味をなじませる。

じゃが芋の炒めナムル

材料（作りやすい分量）
じゃが芋……大1個
にんにくのすりおろし……小さじ1
A ┌ **塩味だれ**(P8参照)……大さじ1
  │ （または、塩小さじ¼　すり白ごま、
  │ ごま油各小さじ2）
  │ コチュジャン……小さじ2
  └ 黒こしょう……少々
油……小さじ1

作り方
❶じゃが芋は5cm長さの短冊切りにし、水にさらして、水けをきる。
❷フライパンを火にかけ、じゃが芋を入れてからいりし、水分がとんだら油とにんにくのすりおろしを加えて炒める。じゃが芋がしんなりしたらAを加えてさらに炒め、味をなじませる。

セロリの炒めナムル

材料（作りやすい分量）
セロリ……1本
A ┌ **しょうゆ味だれ**(P8参照)
  │ ……大さじ1
  │ （または、しょうゆ小さじ2　すり白
  │ ごま、ごま油各小さじ1　長ねぎの
  │ みじん切り大さじ1）
  └ にんにくのすりおろし……小さじ1
油……小さじ1

作り方
❶セロリは5cm長さの太めの棒状に切る。
❷フライパンに油を熱してセロリを炒め、しんなりしたらAを加えてさらに炒め、味をなじませる。

青梗菜の炒めナムル

材料（作りやすい分量）
青梗菜(チンゲンツァイ)……2株
A ┌ **しょうゆ味だれ**(P8参照)
  │ ……大さじ1
  │ （または、しょうゆ小さじ2　すり白
  │ ごま、ごま油各小さじ1　長ねぎの
  │ みじん切り大さじ1）
  │ にんにくのすりおろし……小さじ1
  └ 粉唐がらし……小さじ1
油……大さじ1

作り方
❶青梗菜は根元を六つ割りにし、5cm長さに切る。
❷フライパンに油を熱し、青梗菜を茎、葉の順に加えて炒め、しんなりしたらAを加えてさらに炒め、味をなじませる。

水にさらしたじゃが芋は
からいりして水分をとばして

じゃが芋の炒めナムル

Part 1

1種類の野菜で作る —— 炒めてあえる

しょうゆ味に
にんにくの風味をプラス

セロリの炒めナムル

茎と葉は
時間差で炒めて歯触りよく

青梗菜の炒めナムル

パンチのあるコチュジャン味が合う
しいたけの炒めナムル

材料（作りやすい分量）
生しいたけ……5個
A ┌ **コチュジャン味だれ**（P8参照）
　│　……大さじ2
　│　（または、コチュジャン大さじ1　砂糖、
　│　すり白ごま、ごま油各小さじ1）
　└ いり黒ごま……小さじ¼
油……大さじ1

作り方
❶しいたけは石づきを除き、7〜8mm幅に切る。
❷フライパンに油を熱してしいたけを炒め、しいたけに火が通ったら、Aを加えてさらに炒め、味をなじませる。

Part 1 １種類の野菜で作る——炒めてあえる

厚めに切って歯ごたえを楽しんで
エリンギの炒めナムル

材料（作りやすい分量）
エリンギ……1パック
A 「塩味だれ(P8参照)……大さじ1
　　（または、塩小さじ¼　すり白ごま、
　　ごま油各小さじ2）
　にんにくのすりおろし……小さじ1
　黒こしょう……少々
油……大さじ1

作り方
❶エリンギは3㎝長さに切ってから縦半分にし、1㎝幅に切る。
❷フライパンに油を熱してエリンギを炒め、エリンギに火が通ったら、Aを加えてさらに炒め、味をなじませる。

辛みのある野菜には
甘みをプラス
しし唐の炒めナムル

シャキッと歯触りよく仕上げて
いんげんの炒めナムル

太めに切って味をなじみやすく
ズッキーニの炒めナムル

しし唐の炒めナムル

材料（作りやすい分量）
しし唐……10本
A ┌ **しょうゆ味だれ**(P8参照)
　│　……大さじ1
　│　(または、しょうゆ小さじ2　すり白
　│　ごま、ごま油各小さじ1　長ねぎの
　│　みじん切り大さじ1)
　└ 砂糖……小さじ1
油……小さじ1

作り方
❶しし唐は斜め半分に切る。
❷フライパンに油を熱してしし唐を炒め、全体に油がまわったら、Aを加えてさらに炒め、味をなじませる。

いんげんの炒めナムル

材料（作りやすい分量）
いんげん……10本
A ┌ **塩味だれ**(P8参照)……大さじ1
　│　(または、塩小さじ¼　すり白ごま、
　│　ごま油各小さじ2)
　└ にんにくのすりおろし……小さじ1
油……小さじ1

作り方
❶さやいんげんは長さを半分に切る。
❷フライパンに油を熱してさやいんげんを炒め、しんなりしたらAを加えてさらに炒め、味をなじませる。

ズッキーニの炒めナムル

材料（作りやすい分量）
ズッキーニ(黄)……1本
あみの塩辛味だれ(P9参照)
　……大さじ2
　(または、あみの塩辛、ごま油各大さじ1
　にんにくのすりおろし小さじ1　長ねぎ
　のみじん切り大さじ2)
油……小さじ1

作り方
❶ズッキーニは3cm長さに切ってから、縦6等分に切る。
❷フライパンに油を熱してズッキーニを炒め、しんなりしたら、あみの塩辛味だれを加えてさらに炒め、味をなじませる。

炒めることで
ヤングコーンの甘みが増す
ヤングコーンの炒めナムル

しょうゆ味に砂糖を加えて甘辛味に
にんにくの茎の炒めナムル

油を回しかけて炒めると
全体になじみやすい
なすの炒めナムル

ヤングコーンの炒めナムル

材料（作りやすい分量）
ヤングコーン……1パック
塩味だれ(P8参照)……大さじ1
　（または、塩小さじ¼　すり白ごま、ごま油各小さじ2）
油……小さじ1

作り方
フライパンに油を熱してヤングコーンを炒め、しんなりしたら塩味だれを加えてさらに炒め、味をなじませる。

にんにくの茎の炒めナムル

材料（作りやすい分量）
にんにくの茎……10本
A ┌ **しょうゆ味だれ**(P8参照)
　│ 　……大さじ1
　│ 　（または、しょうゆ小さじ2　すり白ごま、ごま油各小さじ1　長ねぎのみじん切り大さじ1）
　└ 砂糖……小さじ1
油……小さじ1

作り方
❶にんにくの茎は5cm長さに切る。
❷フライパンに油を熱してにんにくの茎を炒め、しんなりしたらAを加えてさらに炒め、味をなじませる。

なすの炒めナムル

材料（作りやすい分量）
なす……2本
A ┌ **しょうゆ味だれ**(P8参照)
　│ 　……大さじ2
　│ 　（または、しょうゆ大さじ1　すり白ごま小さじ1　ごま油小さじ2　長ねぎのみじん切り大さじ1）
　│ にんにくのすりおろし……小さじ1
　└ 砂糖……小さじ1
油……大さじ1

作り方
❶なすはへたを除き、5mm厚さの半月切りにする。
❷フライパンになすを入れて油を全体に回しかけて炒め、しんなりしたらAを加えてさらに炒め、味をなじませる。

Part 1　1種類の野菜で作る──炒めてあえる

大根の炒めナムル

材料（作りやすい分量）
大根……20cm
A ┌ **塩味だれ**(P8参照)……大さじ1
　│　（または、塩小さじ⅓　すり白ごま、
　│　ごま油各小さじ2）
　└ しょうがのすりおろし……小さじ1
ごま油……小さじ2

作り方
❶大根は5mm厚さの輪切りにしてから細切りにする。
❷フライパンにごま油を熱して大根を炒め、しんなりしたらAを加えてさらに炒め、味をなじませる。

ごぼうの炒めナムル

材料（作りやすい分量）
ごぼう……1本
塩味だれ(P8参照)……大さじ1
　（または、塩小さじ¼　すり白ごま、ごま油各小さじ2）
油……小さじ2

作り方
❶ごぼうは5cm長さの短冊切りにする。
❷フライパンに油を熱してごぼうを炒め、全体に油がまわったら水カップ¼と塩味だれを加えて、水分がなくなるまでさらに炒め、しんなりして味がなじんだらでき上がり。

れんこんの炒めナムル

材料（作りやすい分量）
れんこん(太いもの)……6cm
A ┌ **しょうゆ味だれ**(P8参照)
　│　……大さじ1
　│　（または、しょうゆ小さじ2　すり白
　│　ごま、ごま油各小さじ1　長ねぎの
　│　みじん切り大さじ1）
　└ 砂糖……小さじ1
油……小さじ2

作り方
❶れんこんは3cm長さに切ってから、縦に太めの棒状に切る。
❷フライパンに油を熱してれんこんを炒め、しんなりしたらAを加えてさらに炒め、味をなじませる。

しょうがの風味がアクセント
大根の炒めナムル

Part 1 ／ 1種類の野菜で作る ── 炒めてあえる

蒸し炒めにして味をなじませて
ごぼうの炒めナムル

縦に棒状に切っていつもと違う食感に
れんこんの炒めナムル

蒸して あえる

蒸し煮でうまみを閉じ込めた韓国の定番ナムル
大豆もやしの蒸しナムル

材料（作りやすい分量）
大豆もやし……1袋
A ┃ 塩味だれ（P8参照）……大さじ1
　┃ （または、塩小さじ¼　すり白ごま、
　┃ ごま油各小さじ2）
　┗ 長ねぎのみじん切り……大さじ1

作り方
❶ 鍋に水カップ⅓と大豆もやしを入れ、ふたをして火にかける。煮立ったら中火で約5分蒸す。
❷ ①の蒸し汁をきり、Aであえる。

カップ⅓の水で蒸して火を通す。

Part 1 1種類の野菜で作る——蒸してあえる

とろんとしたなめらかな食感を楽しんで
なすの蒸しナムル

材料（作りやすい分量）
なす……2個
A
- **しょうゆ味だれ**（P8参照）
  ……大さじ1½
  （または、しょうゆ小さじ2　すり白ごま、ごま油各小さじ1　長ねぎのみじん切り大さじ1）
- 酢……小さじ2
- にんにくのすりおろし……小さじ½
- 粉唐がらし……小さじ1

作り方
❶なすはへたを除いて、縦半分に切る。
❷蒸し器になすの皮を上にして並べ、ふたをして火にかける。蒸気が上がってから中火で約5分蒸す。
❸②が冷めたら、手で縦に細く裂き、Aであえる。

皮を上にして蒸し、冷めたら細く裂く。

歯触りよく蒸して。竹の子でもOK
根曲がり竹の蒸しナムル

材料（作りやすい分量）
根曲がり竹(水煮)……1本
A ┌ **塩味だれ**(P8参照)……大さじ1
　│　（または、塩小さじ¼　すり白ごま、ご
　│　ま油各小さじ2）
　│　長ねぎのみじん切り……大さじ1
　└　にんにくのすりおろし……小さじ1

作り方
❶根曲がり竹は5cm長さに切ってから縦半分に切る。
❷蒸し器に①を並べ、ふたをして火にかける。蒸気が上がってから中火で約5分蒸し、Aであえる。

Part 1 1種類の野菜で作る——蒸してあえる

小麦粉をまぶすと味がからみやすくなる
しし唐の蒸しナムル

材料（作りやすい分量）
しし唐……10本
小麦粉……適量
A ┌ **しょうゆ味だれ**（P8参照）
　　　……大さじ2
　　（または、しょうゆ大さじ1　いり白ご
　　ま小さじ1　ごま油小さじ2　長ねぎ
　　のみじん切り大さじ1）
　└ 粉唐がらし……小さじ½

作り方
❶ しし唐は洗い、水をつけたまま小麦粉をまぶす。
❷ 蒸し器に①を並べ、ふたをして火にかける。蒸気が上がってから中火で2〜3分蒸し、Aであえる。

洗った水がついたまま小麦粉をまぶす。この一手間で味がからみやすくなる。

お弁当の彩りにも便利なナムル
赤ピーマンの蒸しナムル

材料（作りやすい分量）
赤ピーマン（または、ピーマン）……2個
A ┌ **塩味だれ**（P8参照）……大さじ1
　│　（または、塩小さじ¼　すり白ごま、ご
　│　ま油各小さじ2）
　└ いり黒ごま……小さじ¼

作り方
❶赤ピーマンはへたと種を除き、縦に1cm幅に切る。
❷蒸し器に①を並べ、ふたをして火にかける。蒸気が上がってから中火で約1分蒸し、Aであえる。

Part 1 1種類の野菜で作る——蒸してあえる

めん棒でたたくと味がしみ込みやすい
ごぼうの蒸しナムル

材料（作りやすい分量）
ごぼう……1本
A
- 塩味だれ(P8参照)……大さじ1
  （または、塩小さじ¼　すり白ごま、ごま油各小さじ2）
- 粉唐がらし……小さじ½

作り方
1. ごぼうはめん棒でたたいて、5㎝長さに切ってから縦半分に切る。
2. 蒸し器に①を並べ、ふたをして火にかける。蒸気が上がってから中火で約5分蒸し、Aであえる。

| 生のまま
| あえる

水分が出やすいので大きめに切って
きゅうりの生ナムル

材料（作りやすい分量）

きゅうり……1本

A ｜ しょうゆ味だれ（P8参照）
　　……大さじ1
　　（または、しょうゆ小さじ2　いり白ご
　　ま、ごま油各小さじ1　長ねぎのみじ
　　ん切り大さじ1)
　　酢……小さじ1
　　粉唐がらし……小さじ1

作り方

きゅうりは一口大の乱切りにし、Aであえる。

みそ味だれを水でのばしてからみやすく
キャベツの生ナムル

材料（作りやすい分量）

キャベツ……1/4個

A ｜ みそ味だれ（P8参照）……大さじ2
　　（または、みそ大さじ1　砂糖、にん
　　にくのすりおろし各小さじ1/2　長ね
　　ぎのみじん切り大さじ1　すり白ご
　　ま、ごま油各小さじ2）
　　水……大さじ4
　　酢……小さじ2
　　粉唐がらし……小さじ1

作り方

キャベツは一口大のざく切りにし、Aであえる。

Part 1 1種類の野菜で作る──生のままあえる

シンプルな味つけで
セロリの風味を生かす
セロリの生ナムル

材料（作りやすい分量）
セロリ……1本
A ┌ **塩味だれ**(P8参照)……小さじ2
　│ 　（または、塩小さじ¼　すり白ごま、
　│ 　ごま油各小さじ2）
　└ 酢……小さじ½

作り方
セロリは5mm厚さの斜め切りにし、Aであえる。

辛みのきいたコチュジャン味が合う！
小松菜の生ナムル

材料（作りやすい分量）
小松菜……½束
A ┌ **コチュジャン味だれ**(P8参照)
　│ 　……大さじ2
　│ 　（または、コチュジャン大さじ1　砂
　│ 　糖、すり白ごま、ごま油各小さじ1）
　│ 水……大さじ4
　└ 長ねぎのみじん切り……大さじ2

作り方
小松菜は5cm長さに切り、Aであえる。

ごまの風味と相性がいい
クレソンの生ナムル

材料（作りやすい分量）
クレソン……1束
A ┌ **塩味だれ**(P8参照)……大さじ1
  │ （または、塩小さじ¼　すり白ごま、
  │ 　ごま油各小さじ2）
  │ 酢……小さじ1
  └ 黒こしょう……少々

作り方
クレソンは5㎝長さに切り、Aであえる。

強い香りには辛みをきかせたしょうゆ味で
にらの生ナムル

材料（作りやすい分量）
にら……½束
A ┌ **しょうゆ味だれ**(P8参照)
  │ 　……大さじ1½
  │ （または、しょうゆ小さじ2　すり白ご
  │ 　ま、ごま油各小さじ1　長ねぎのみじ
  │ 　ん切り大さじ1）
  └ 酢、粉唐がらし……各小さじ1

作り方
にらは4㎝長さに切り、Aであえる。

Part 1　1種類の野菜で作る——生のままあえる

輪切りにして味をからめやすく
ピーマンの生ナムル

材料（作りやすい分量）
ピーマン……3個
A
- **みそ味だれ**(P8参照)……大さじ2
  （または、みそ大さじ1　砂糖、にんにくのすりおろし各小さじ½　長ねぎのみじん切り大さじ1　すり白ごま、ごま油各小さじ2）
- コチュジャン……大さじ1
- いり黒ごま……小さじ¼

作り方
ピーマンはへたと種を除いて1cm幅の輪切りにし、Aであえる。

ぴりっとからしのきいたたれが合う
トマトの生ナムル

材料（作りやすい分量）
ミニトマト……1パック
からし味だれ(P9参照)
……大さじ1
（または、練りがらし小さじ½　薄口しょうゆ、酢、砂糖、松の実のみじん切り各小さじ1）

作り方
トマトはへたを除いて縦半分に切り、からし味だれであえる。

酢コチュジャンと
せりのハーモニーが絶妙
せりの生ナムル

材料（作りやすい分量）
せり……½束
A ┌ **コチュジャン味だれ**（P8参照）
  │   ……大さじ1½
  │   （または、コチュジャン大さじ1　砂糖、すり白ごま、ごま油各小さじ1）
  └ 酢……大さじ1

作り方
せりは5cm長さに切り、Aであえる。

春限定の山菜が
サラダ感覚で味わえる
のびるの生ナムル

材料（作りやすい分量）
のびる……1パック
A ┌ **しょうゆ味だれ**（P8参照）
  │   ……大さじ1
  │   （または、しょうゆ小さじ2　すり白ごま、ごま油各小さじ1）
  │ 酢……小さじ1
  └ 粉唐がらし……小さじ½

作り方
のびるは5cm長さに切り、太い根はめん棒でたたいてつぶし、Aであえる。

Part 1 1種類の野菜で作る――生のままあえる

香菜好きには
たまらないおいしさ
香菜の生ナムル

材料（作りやすい分量）
香菜(シャンツァイ)……1パック
A ┌ **塩味だれ**(P8参照)……大さじ1
　│ 　（または、塩小さじ¼　すり白ごま、
　│ 　ごま油各小さじ2）
　│ 酢……小さじ1
　└ 粉唐がらし……小さじ½

作り方
香菜は5cm長さに切り、Aであえる。

えごま特有の風味が
ダイレクトに伝わる
えごまの葉の生ナムル

材料（作りやすい分量）
えごまの葉……10枚
A ┌ **しょうゆ味だれ**(P8参照)
　│ 　……大さじ1
　│ 　（または、しょうゆ小さじ2　すり白
　│ 　ごま、ごま油各小さじ1　長ねぎのみ
　│ 　じん切り大さじ1）
　└ 粉唐がらし……小さじ1

作り方
えごまの葉1枚ずつにAを塗り広げ、重ねる。

ねばねば食材に
コチュジャン味がなじむ
長芋の生ナムル

焼き肉で巻いてもおいしい
えのきの生ナムル

砂糖をまぶして大根の辛みをやわらげて
大根の生ナムル

ビビンバのナムルにおすすめ
水菜の生ナムル

長芋の生ナムル

材料（作りやすい分量）
長芋……10cm
コチュジャン味だれ(P8参照)
　……大さじ1½
　（または、コチュジャン大さじ1　砂糖、
　すり白ごま、ごま油各小さじ1）

作り方
山芋は5cm長さの棒状に切り、コチュジャン味だれであえる。

えのきの生ナムル

材料（作りやすい分量）
えのきだけ……½袋
A ┌ **塩味だれ**(P8参照)……小さじ2
　│　（または、塩小さじ¼　すり白ごま、
　│　ごま油各小さじ2）
　└ 粉唐がらし……小さじ½

作り方
えのきだけはさっと熱湯をかけて5cm長さに切り、Aであえる。

大根の生ナムル

材料（作りやすい分量）
大根……10cm
砂糖……小さじ2
A ┌ **塩味だれ**(P8参照)……大さじ1
　│　（または、塩小さじ¼　すり白ごま、
　│　ごま油各小さじ2）
　│ 酢……小さじ1
　└ 粉唐がらし……小さじ1

作り方
❶大根は5cm長さの細切りにし、砂糖を軽くまぶして約10分おく。
❷①の水けをきり、Aであえる。

水菜の生ナムル

材料（作りやすい分量）
水菜……½束
A ┌ **コチュジャン味だれ**(P8参照)
　│　……大さじ1½
　│　（または、コチュジャン大さじ1　砂糖、すり白ごま、ごま油各小さじ1）
　└ 酢……小さじ2

作り方
水菜は5cm長さに切り、Aであえる。

Part 1　1 種類の野菜で作る――生のままあえる

生のサクサクした食感が新鮮
カリフラワーの生ナムル

材料（作りやすい分量）

カリフラワー……½個

A ［ **からし味だれ**（P9参照）
　　……大さじ2
　　（または、練りがらし小さじ1　薄口
　　しょうゆ、酢、砂糖各大さじ1　松の
　　実のみじん切り小さじ2）
　　いり黒ごま……小さじ½

作り方

カリフラワーは小房に分け、Aであえる。

みずみずしいかぶのおいしさが味わえる
かぶの生ナムル

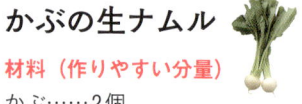

材料（作りやすい分量）

かぶ……2個

A ［ **塩味だれ**（P8参照）……大さじ1
　　（または、塩小さじ¼　すり白ごま、
　　ごま油各小さじ2）
　　酢、粉唐がらし……各小さじ1

作り方

かぶは茎を少し残して葉を切り落とす。縦半分に切ってから5mm厚さに切り、Aであえる。

Part 1

1種類の野菜で作る——生のままあえる

春菊の持ち味が引き立つ食べ方
春菊の生ナムル

材料（作りやすい分量）

春菊……1束

A
- **しょうゆ味だれ**(P8参照)……大さじ1
  （または、しょうゆ小さじ2　すり白ごま、ごま油各小さじ1　長ねぎのみじん切り大さじ1）
- 酢……小さじ1
- いり黒ごま……小さじ½

作り方

春菊は5cm長さに切り、Aであえる。

甘みのあるやわらかい内側の葉を使って
白菜の生ナムル

材料（作りやすい分量）

白菜(内側の葉)……¼株分

A
- **魚醤味だれ**(P9参照)……大さじ2
  （または、魚醤大さじ1　にんにくのすりおろし小さじ½　長ねぎのみじん切り大さじ1　すり白ごま、ごま油、粉唐がらし各小さじ1）
- 砂糖、酢……各小さじ1

作り方

白菜は1cm幅に切り、Aであえる。

干し野菜で

軽く洗って水けを絞らないのがコツ
切り干し大根のナムル

材料（作りやすい分量）
切り干し大根(市販)……40g
A ┃ **魚醤味だれ**(P9参照)……大さじ4
　 ┃ （または、魚醤大さじ2　にんにくのす
　 ┃ りおろし小さじ1　長ねぎのみじん切り
　 ┃ 大さじ2　すり白ごま、ごま油各大さじ
　 ┃ 1　粉唐がらし小さじ2）
　 ┃ みそ……小さじ1

作り方
❶切り干し大根は水で軽く洗い、ざるに上げて水けがなじむまでおく。
❷ボウルに①とAを入れて手でよくもんであえる。

Part 1 1種類の野菜で作る――干し野菜で

ビタミンCが豊富でうまみもたっぷり
干し大根葉のナムル

材料（作りやすい分量）
干し大根葉(市販)……30g
みそ味だれ(P8参照)……大さじ4
　（または、みそ大さじ2　砂糖、にんにくのすりおろし各小さじ1　長ねぎのみじん切り大さじ2　すり白ごま、ごま油各大さじ1)

作り方
❶干し大根葉は水で軽く洗い、ざるに上げて水けがなじむまでおく。
❷鍋に①とみそ味だれを入れて混ぜ合わせ、火にかけて中火で焦がさないように炒める。
❸水カップ¼を加え、ふたをして弱火にし、味がなじむまでときどき混ぜながら汁けがなくなるまで煮詰める。

かむほどに味わい深い
干しごぼうのナムル

材料（作りやすい分量）
干しごぼう（市販）……40g
あみの塩辛味だれ(P9参照)……大さじ2
（または、あみの塩辛、ごま油各大さじ1
にんにくのすりおろし小さじ1　長ねぎのみ
じん切り大さじ2）

作り方
❶干しごぼうはかぶるくらいの水につけてもどし、水けをきる。
❷鍋に①とあみの塩辛味だれを入れて混ぜ合わせ、火にかけて中火で焦がさないように炒める。
❸水カップ¼を加え、ふたをして弱火にし、味がなじむまでときどき混ぜながら汁けがなくなるまで煮詰める。

Part 1 1種類の野菜で作る──干し野菜で

シャキシャキの歯ごたえを楽しんで
干しれんこんのナムル

材料（作りやすい分量）
干しれんこん(市販)……25g
コチュジャン味だれ(P8参照)
　……大さじ2
　（または、コチュジャン大さじ1　砂糖、すり白ごま、ごま油各小さじ1）

作り方
❶ 干しれんこんはかぶるくらいの水につけてもどし、水けをきる。
❷ 鍋に①とコチュジャン味だれを入れて混ぜ合わせ、火にかけて中火で焦がさないように炒める。
❸ 水カップ¼を加え、ふたをして弱火にし、味がなじむまでときどき混ぜながら汁けがなくなるまで煮詰める。

山菜のナムルの代表格
ぜんまいのナムル

材料（作りやすい分量）
ぜんまいの水煮……120g
魚醬味だれ(P9参照)……大さじ2
（または、魚醬大さじ1　にんにくのすりおろし小さじ½　長ねぎのみじん切り大さじ1　すり白ごま、ごま油、粉唐がらし各小さじ1）

作り方
❶ぜんまいは水けをきり、5cm長さに切る。
❷鍋に①と魚醬味だれを入れて混ぜ合わせ、火にかけて中火で焦がさないように炒める。
❸水カップ½を加え、ふたをして弱火にし、味がなじむまでときどき混ぜながら汁けがなくなるまで煮詰める。

Part 1 1種類の野菜で作る――干し野菜で

ゆで竹の子とは違う凝縮したうまみが味わえる!
干し竹の子のナムル

材料（作りやすい分量）
干し竹の子(市販)……30g
A ┌ **塩味だれ**(P8参照)……大さじ1
　│　(または、塩小さじ¼　すり白ごま、ご
　│　ま油各小さじ2)
　│ にんにくのすりおろし……小さじ1
　└ こしょう……少々

作り方
❶干し竹の子は水に約半日つけてもどし、4cm長さの細切りにする。
❷鍋に①とAを入れて混ぜ合わせ、火にかけて中火で焦がさないように炒める。
❸水カップ½を加え、ふたをして弱火にし、味がなじむまでときどき混ぜながら汁けがなくなるまで煮詰める。

うまみをたっぷり吸ったずいきが美味
ずいきのナムル

材料（作りやすい分量）
干しずいき(里芋の葉柄)……30g
魚醬味だれ(P9参照)……大さじ2
　（または、魚醬大さじ1　にんにくのすりおろし小さじ½　長ねぎのみじん切り大さじ1　すり白ごま、ごま油、粉唐がらし各小さじ1）

作り方
❶干しずいきは水に約30分つけてもどし、5cm長さに切る。
❷鍋に①と魚醬味だれを入れて混ぜ合わせ、火にかけて中火で焦がさないように炒める。
❸水カップ½を加え、ふたをして弱火にし、味がなじむまでときどき混ぜながら汁けがなくなるまで煮詰める。

Part 1 1種類の野菜で作る──干し野菜で

干すことで甘みが増し、食感もアップ
干し白菜のナムル

材料（作りやすい分量）
白菜……80g
魚醤味だれ(P9参照)……大さじ2
　（または、魚醤大さじ1　にんにくのすりおろし小さじ½　長ねぎのみじん切り大さじ1　すり白ごま、ごま油、粉唐がらし各小さじ1）

作り方
❶白菜は葉を1枚ずつ盆ざるなどに重ならないように広げてのせ、風通しのよい場所に置き、ときどき返して約5日間干す。1cm幅、5cm長さに切る。
❷鍋に①と魚醤味だれを入れて混ぜ合わせ、火にかけて中火で焦がさないように炒める。
❸水カップ½を加え、ふたをして弱火にし、味がなじむまでときどき混ぜながら汁けがなくなるまで煮詰める。

漬物で

のり巻きの具におすすめ
たくあんのナムル

材料（作りやすい分量）
たくあん……8cm
A ┌ 酢……小さじ1
　│ 長ねぎのみじん切り……小さじ1
　│ 粉唐がらし……小さじ¼
　│ すり白ごま……小さじ2
　└ ごま油……小さじ2

作り方
❶たくあんは4cm長さの短冊切りにする。
❷①をAであえる。

身近な漬物で応用したい

きゅうりの浅漬けのナムル

材料（作りやすい分量）

きゅうりの浅漬け……2本

A
- にんにくのすりおろし……小さじ½
- 長ねぎのみじん切り……大さじ1
- 砂糖……小さじ1
- 酢……小さじ1
- 粉唐がらし……小さじ1
- すり白ごま……小さじ2
- ごま油……小さじ2

作り方

❶ きゅうりの浅漬けは薄い小口切りにし、水けをしっかり絞る。
❷ ①をAであえる。

Part 1　1種類の野菜で作る──漬物で

塩分を控えたい人におすすめの食べ方
野沢菜漬けのナムル

材料（作りやすい分量）
野沢菜漬け……150g
A ┌ 長ねぎのみじん切り……大さじ1
　├ すり白ごま……大さじ1
　└ ごま油……大さじ1

作り方
❶野沢菜漬けは4cm長さに切り、水につけて軽く塩けを抜き、水けをしっかり絞る。
❷①をAであえる。

キムチをアレンジして2度楽しめる
白菜キムチのナムル

材料（作りやすい分量）
白菜キムチ……150g
A ┌ すり白ごま……大さじ1
　├ ごま油……大さじ1
　└ 酢……適宜

作り方
❶ 白菜キムチは食べやすい大きさに切り、汁けを軽く絞る。
❷ ①をA（キムチに酸味がないときは酢小さじ1を加える）であえる。

Part 1　1種類の野菜で作る──漬物で

コラム

これもナムル！　漬ける時間は不要！
あえるだけキムチ

キムチを本格的に漬けるのは、手間と時間がかかりますが、切った野菜をキムチの素であえるだけなら、生ナムルと同様に、すぐに食べられます。キムチの素は、冷蔵庫で10日間保存が可能。ピリ辛の煮物や海鮮鍋などの調味料として使うこともできるので、多めに作って常備しておくと便利です。

キムチの素

材料（作りやすい分量）
梨(または、りんご)のすりおろし
　……1個分
玉ねぎのすりおろし……70g
にんにくのすりおろし……30g
しょうがのすりおろし……10g
粉唐がらし……70g
魚醤(ぎょしょう)……50mℓ
砂糖……大さじ3

作り方
ボウルにすべての材料を入れ、よく混ぜ合わせる。

＊熱湯消毒した瓶などに入れ、冷蔵庫で保存する。10日保存可能。

きゅうりのあえるだけキムチ

材料（作りやすい分量）と作り方
❶**きゅうり2本**は乱切りにし、**万能ねぎ2本**は2cm長さに切る。
❷ボウルにきゅうりと**キムチの素大さじ1**を入れてよくあえ、万能ねぎ、いり白ごま小さじ2を加えてさっとあえる。

かぶのあえるだけキムチ

材料（作りやすい分量）と作り方
❶**かぶ2個**は1cm厚さのくし形切りにし、**万能ねぎ2本**は2cm長さに切る。
❷ボウルにかぶと**キムチの素大さじ1**を入れてよくあえ、万能ねぎ、いり白ごま小さじ2を加えてさっとあえる。

トマトのあえるだけキムチ

材料（作りやすい分量）と作り方
❶**ミニトマト15個**は皮に十字に切り込みを入れる。
❷ボウルに①、**キムチの素大さじ1**、いり白ごま小さじ2を入れてよくあえる。

そのほかおすすめの野菜 キャベツ、小松菜、青梗菜、にら、セロリ、せり、竹の子、ほうれんそう、白菜、春菊、玉ねぎ、ごぼう、れんこん、しし唐、なす、みょうが、オクラ、ルッコラ、えごまの葉など。

Part **2**

2種類の具で作る

ナムルは1種類の野菜に限りません。野菜をもう1種類足したり、野菜に肉や魚介、海藻や大豆の加工品を組み合わせて作ることもできます。たんぱく質をプラスしたナムルは1品で立派なおかずになります。素材、味つけの組み合わせは好みでアレンジOK。厳選の20点をご紹介します。

野菜
＋
野菜

2種の野菜の食感の違いが楽しい！
韓国かぼちゃとエリンギの炒めナムル

Part 2　2種類の具で作る――野菜＋野菜

材料（作りやすい分量）
韓国かぼちゃ＊（または、ズッキーニ）……2/3本
エリンギ……2個
あみの塩辛味だれ(P9参照)……大さじ2
　（または、あみの塩辛、ごま油各大さじ1
　にんにくのすりおろし小さじ1　長ねぎの
　みじん切り大さじ2）
油……大さじ1

❶ 韓国かぼちゃは5mm厚さの半月切りにし、エリンギは5cm長さの薄切りにする。

❷ フライパンに油を熱して①を入れ、しんなりするまで炒める。

❸ あみの塩辛味だれを加え、さっと炒め合わせて味をなじませる。

＊韓国かぼちゃは、つる性のかぼちゃの一種。見た目はズッキーニと似ているが、果肉はやや黄色で柔らかい。くせがなく、淡泊な味わいで、韓国ではナムルのほかに、チヂミやチゲなどによく使われる。韓国食材店や大手スーパーなどで購入できる。

ドレッシングで
食べるサラダよりヘルシー
春菊とトマトの生ナムル

夏におすすめのさっぱり味のナムル
きゅうりとラディッシュの生ナムル

生のシャキシャキした食感が新鮮！
えのきとおかひじきの生ナムル

春菊とトマトの生ナムル

材料（作りやすい分量）
春菊……1束
ミニトマト……8個
A ┌ **しょうゆ味だれ**(P8参照)
  │   ……大さじ2
  │   (または、しょうゆ大さじ1　すり白
  │   ごま、ごま油各小さじ2　長ねぎの
  │   みじん切り大さじ1)
  │ 酢……大さじ1
  └ 砂糖、粉唐がらし……各小さじ1

作り方
❶春菊は5cm長さに切り、トマトはへたを除いて縦半分に切る。
❷ボウルに①とAを入れて軽くあえる。

きゅうりとラディッシュの生ナムル

材料（作りやすい分量）
きゅうり……2本
ラディッシュ……4個
（または、大根50g）
A ┌ **しょうゆ味だれ**(P8参照)
  │   …大さじ2
  │   (または、しょうゆ大さじ1　すり白
  │   ごま、ごま油各小さじ2　長ねぎの
  │   みじん切り大さじ1)
  │ 酢……大さじ1
  └ 粉唐がらし……小さじ1

作り方
❶きゅうりはピーラーで縦に薄切りにし、長さを3等分に切る。ラディッシュは薄切りにする。
❷ボウルに①とAを入れてあえる。

えのきとおかひじきの生ナムル

材料（作りやすい分量）
えのきだけ……½袋
おかひじき……1パック
A ┌ **コチュジャン味だれ**(P8参照)
  │   ……大さじ2
  │   (または、コチュジャン大さじ1　砂糖、
  │   すり白ごま、ごま油各小さじ1)
  └ 酢……大さじ1
ひまわりの種(殻むき)……適量

作り方
❶えのきだけは根元を切り落とし、長さを半分に切る。おかひじきは長さを2〜3等分に切る。
❷ボウルに①とAを入れてあえる。器に盛り、ひまわりの種を散らす。

Part 2　2種類の具で作る ── 野菜＋野菜

野菜 + 海藻

焼きのりのうまみでおいしさ倍増！
万能ねぎとのりのゆでナムル

材料（作りやすい分量）
万能ねぎ……1束
焼きのり……大3枚
A ┌ **しょうゆ味だれ**(P8参照)
　│　……大さじ2
　│　(または、しょうゆ大さじ1　すり白
　│　ごま、ごま油各小さじ2　長ねぎの
　│　みじん切り大さじ1)
　└ 酢……小さじ1

作り方
❶鍋に水と塩少々（分量外）を入れて煮立て、万能ねぎを根元から入れてさっとゆで、5cm長さに切る。焼きのりは手でちぎる。
❷ボウルに①とAを入れて軽くあえる。

Part 2 ２種類の具で作る──野菜＋海藻

韓国で定番のひらたけを使って
ひらたけと茎わかめの炒めナムル

材料（作りやすい分量）
ひらたけ（または、しめじ）……½パック
茎わかめ（塩蔵）……200g
A ┌ **塩味だれ**(P8参照)……大さじ1
　 │ 　（または、塩小さじ¼　すり白ごま、
　 │ 　ごま油各小さじ2)
　 └ にんにくのすりおろし……大さじ½
アーモンド(無塩)……適量
油……大さじ1

作り方
❶ひらたけは小房に分け、大きいものは2～3等分に切る。茎わかめは水につけて塩を抜き、5cm長さに切る。
❷フライパンに油を熱して茎わかめを軽く炒め、Aとひらたけを加えてさらに炒め、味をなじませる。器に盛り、刻んだアーモンドを散らす。

鉄分、カルシウムの豊富なひじきをプラス
赤かぶとひじきのナムル

材料（作りやすい分量）
赤かぶ（または、かぶ、大根）……70g
生ひじき……1パック
A ┌ **コチュジャン味だれ**(P8参照)
　　　……大さじ2
　　（または、コチュジャン大さじ1　砂糖、
　　　すり白ごま、ごま油各小さじ1）
　└ みそ……大さじ1

作り方
❶ひじきは熱湯でさっとゆで、水けをきる。赤かぶは3〜4cm長さのせん切りにする。
❷ボウルに①とAを入れてあえる。

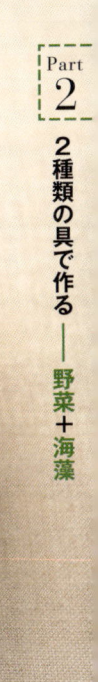

Part 2 2種類の具で作る──野菜＋海藻

くるみのほろ苦さがアクセント
赤ピーマンとわかめのナムル

材料（作りやすい分量）
赤ピーマン……1個
生わかめ……200g
塩味だれ(P8参照)……大さじ1
　（または、塩小さじ¼　すり白ごま、
　ごま油各小さじ2）
くるみ(無塩)……適量

作り方
❶赤ピーマンはへたと種を除き、5㎝長さのせん切りにする。わかめは熱湯でさっとゆで、水けをきり、5㎝長さに切る。
❷ボウルに①と塩味だれを入れてあえる。器に盛り、刻んだくるみを散らす。

野菜
+
魚介

コクのあるたれを合わせて。酒の肴にもおすすめ
セロリとたこのナムル

材料（作りやすい分量）
セロリ……1本
ゆでだこ（刺身用）……80g
A ┃ **魚醬味だれ**（P9参照）……大さじ2
　　　（または、魚醬大さじ1　にんにくのすりおろし小さじ½　長ねぎのみじん切り大さじ1　すり白ごま、ごま油、粉唐がらし各小さじ1）
　　酢……小さじ2
いり黒ごま……小さじ½

作り方
❶セロリは薄切りにし、たこは一口大のそぎ切りにする。
❷ボウルに①とAを入れてよくあえる。器に盛り、黒ごまをふる。

Part 2 ２種類の具で作る──野菜＋魚介

彩りがよく、お弁当のおかずにも便利
韓国かぼちゃとえびの炒めナムル

材料（作りやすい分量）
韓国かぼちゃ（または、ズッキーニ）
　……1本
えび（無頭）……8尾
A ┌ **塩味だれ**（P8参照）……大さじ1
　│　（または、塩小さじ¼　すり白ごま、
　│　　ごま油各小さじ2）
　│ にんにくのすりおろし……大さじ1
　└ こしょう……少々
油……大さじ1

作り方
❶韓国かぼちゃは4cm長さに切ってから六つ割りにする。えびは殻と背わたを取る。
❷フライパンに油を熱して①を炒め、韓国かぼちゃがしんなりしたら、Aを加えて炒め合わせ、味をなじませる。

細く裂いたさきいかがもやしとなじむ
大豆もやしとさきいかのナムル

材料（作りやすい分量）

大豆もやし……1袋
さきいか……30g
A
　塩味だれ(P8参照)……大さじ2
　（または、塩小さじ½　すり白ごま、
　　ごま油各大さじ1）
　酢……大さじ1
　長ねぎのみじん切り……大さじ3
　粉唐がらし……小さじ2

作り方

❶鍋に水カップ⅓と大豆もやしを入れて火にかけ、ふたをして煮立ったら中火で約5分蒸し煮にし、冷ます。
❷さきいかは手で細く裂く。
❸ボウルに①、②、Aを入れてよくあえる。

Part 2 ２種類の具で作る——野菜＋魚介

相性のいい定番の組み合わせ！
じゃが芋といりこの炒めナムル

材料（作りやすい分量）
じゃが芋……大1個(200g)
いりこ……10尾
A
- しょうゆ味だれ(P8参照)
  ……大さじ2
  （または、しょうゆ大さじ1　すり白ご
  ま、ごま油各小さじ2　長ねぎのみじ
  ん切り大さじ1）
- 砂糖……大さじ1
- にんにくのすりおろし……小さじ1
- 青唐がらしの小口切り……1本分

油……大さじ1

作り方
1. じゃが芋は5cm長さの細切りにして水にさらし、水けをきる。
2. 鍋に油を熱してじゃが芋を炒め、じゃが芋が透き通ってきたら、いりこを加えて炒める。Aを加えて混ぜ合わせ、味をなじませる。

ささ身は蒸し焼きにしてパサつき防止
ルッコラとささ身のナムル

材料（作りやすい分量）
ルッコラ……1束
ささ身……100g
からし味だれ(P9参照)……大さじ2
　（または、練りがらし小さじ1　薄口し
　ょうゆ、酢各大さじ1　砂糖大さじ½
　松の実のみじん切り小さじ2）
油……小さじ1

作り方
❶ フライパンに油を熱してささ身を入れ、ふたをして2～3分蒸し焼きにする。ささ身を返して約1分蒸し、火を止めて余熱でさらに火を通す。
❷ ルッコラは食べやすく手でちぎる。①のささ身はそぎ切りにする。
❸ ボウルに②とからし味だれを入れてあえる。

野菜 + 肉

生で食べるよりえごまの個性が際立つ
えごまの葉と豚肉の炒めナムル

材料（作りやすい分量）
えごまの葉……20枚
豚切り落とし肉……80g
しょうゆ味だれ(P8参照)……大さじ2
　（または、しょうゆ大さじ1　すり白ご
　ま、ごま油各小さじ2　長ねぎのみじ
　ん切り大さじ1）
ピーナッツ(無塩)……適量
油……大さじ1

作り方
❶えごまの葉は1cm幅の斜め切りにする。
❷フライパンに油を熱して豚肉を炒め、色が変わったら、しょうゆ味だれを加えて味をよくなじませて火を止める。えごまの葉を加えて余熱で火を通す。
❸器に盛り、刻んだピーナッツを散らす。

Part 2　2種類の具で作る —— 野菜＋肉

ごま油は最後に加えて香りを生かす

きゅうりと牛肉の炒めナムル

材料（作りやすい分量）
きゅうり……1本
牛肉(焼き肉用)……50g
A [しょうゆ味だれ(P8参照)……大さじ2
（または、しょうゆ大さじ1　すり白ごま、ごま油各小さじ2　長ねぎのみじん切り大さじ1）
にんにくのすりおろし……大さじ½]
ごま油……小さじ2

作り方
❶きゅうりは縦半分に切ってから斜め薄切りにし、牛肉は細切りにする。
❷フライパンに油を入れずに牛肉を炒め、色が変わったら、きゅうりとAを加える。ごま油を回しかけて炒め合わせ、味をなじませる。

しょうゆに砂糖を足した甘辛味で香ばしく
にんにくの茎と牛ひき肉の炒めナムル

Part 2 ― 2種類の具で作る ― 野菜＋肉

材料（作りやすい分量）
にんにくの茎……10本
牛ひき肉……50g
油……大さじ1

A
- **しょうゆ味だれ**（P8参照）……大さじ2
  （または、しょうゆ大さじ1　すり白ごま、ごま油各小さじ2　長ねぎのみじん切り大さじ1）
- 砂糖……小さじ2

作り方
❶にんにくの茎は5cm長さに切る。
❷フライパンに油を熱してにんにくの茎を炒め、油がまわったら牛ひき肉を加えて炒める。牛肉の色が変わったらAを加えて炒め合わせ、味をなじませる。

野菜
＋
大豆の加工品

油揚げはかりっと焼いて歯触りよく
セロリと油揚げのナムル

材料（作りやすい分量）
セロリ……1本
油揚げ……1枚
A ┌ **しょうゆ味だれ**(P8参照)
　　……大さじ1½
　　（または、しょうゆ小さじ2　すり白ごま、ごま油各小さじ1　長ねぎのみじん切り大さじ1）
　　酢……小さじ¼
　　砂糖……1つまみ
　└ 粉唐がらし……小さじ1

作り方
❶セロリは薄い小口切りにする。
❷油揚げは4cm長さ、1cm幅に切り、フライパンでかりっと焼く。
❸ボウルに①、②、Aを入れてあえる。

Part 2 2種類の具で作る──野菜＋大豆の加工品

にんにく風味のみそ味が絶妙
小松菜と油揚げの炒めナムル

材料（作りやすい分量）
小松菜……1/2束
油揚げ……1枚
みそ味だれ(P8参照)……大さじ2
　（または、みそ大さじ1　砂糖、にんにくのすりおろし各小さじ1/2　長ねぎのみじん切り大さじ1　すり白ごま、ごま油各小さじ2）
ひまわりの種（殻むき）……大さじ1
油……大さじ1

作り方
❶小松菜は5㎝長さに切り、油揚げは縦半分に切ってから、1㎝幅に切る。
❷フライパンに油を熱して①を炒め、小松菜がしんなりしたら、みそ味だれを加えて炒め合わせ、味をなじませる。器に盛り、ひまわりの種を散らす。

えごま粉のうまみがじんわり後引くおいしさ
ふきとがんもどきのナムル

材料（作りやすい分量）
ふき……2本
がんもどき……1個
A ┌ **えごま味だれ**(P9参照)……大さじ1
  │ （または、えごま油、えごま粉〈または
  │ すり白ごま〉各小さじ2　塩小さじ¼
  │ 水大さじ1）
  │ だし汁……カップ⅓
  └ 赤唐がらしの小口切り……½本分
油……大さじ1

作り方
❶ふきはフライパンに入る長さに切ってかぶるくらいの水を注ぎ、煮立ってから約5分ゆでる。皮をむいて5cm長さに切る。
❷がんもどきは9等分に切る。
❸フライパンに①のふきを入れ、からいりして水けをとばし、油とがんもどきを加えて炒める。軽く焼き色がついたらAを加え、ふたをして味がなじむまで煮詰める。

Part 2 2種類の具で作る――野菜＋大豆の加工品

厚揚げは先にしっかり焼き目をつけるのがコツ
しし唐と厚揚げのナムル

材料（作りやすい分量）
しし唐……10個
厚揚げ……1枚
みそ味だれ(P8参照)……大さじ2
（または、みそ大さじ1　砂糖、にんにくのすりおろし各小さじ½　長ねぎのみじん切り大さじ1　すり白ごま、ごま油各小さじ2）

作り方
❶ しし唐は長さを半分に切る。
❷ 厚揚げは1cm厚さの一口大に切り、フライパンで焼き目がつくまで焼く。
❸ ②に①を加えてさっと焼き、みそ味だれを加えて炒め合わせ、味をなじませる。

Part 3 ナムルの応用料理

料理を一から作るのは時間がかかりますが、ナムルがあれば、ご飯も麺もスープも、あっという間にでき上がります。傷みやすい野菜も、ナムルにしておけば無駄にすることがないうえ、すぐに食卓の準備が整うので、経済的でとってもエコ。ここで紹介するもの以外にも、好きなナムルを組み合わせて、応用料理をお楽しみください。

Part 3 ナムルの応用料理

人気のおかずもナムルがあれば簡単に！
チャプチェ

材料（2人分）
韓国春雨……50g
玉ねぎ……小½個
ほうれんそうのゆでナムル（P10参照）……適量
エリンギの炒めナムル（P27参照）……適量
赤ピーマンの蒸しナムル（P38参照）……適量
きゅうりと牛肉の炒めナムル（P78参照）……適量
A ┌ 水……カップ⅓
　├ しょうゆ……大さじ1
　└ 砂糖……小さじ2
塩、こしょう……各適量
油、ごま油……各小さじ1

作り方
❶ 韓国春雨は水につけて30分以上おいてもどす。
❷ 玉ねぎは薄切りにする。
❸ フライパンに油を熱し、②の玉ねぎを入れて塩少々を加えて炒め、玉ねぎが透き通ったら、ボウルに広げて冷ます。
❹ ③のフライパンにAを煮立て、①の水けをきった春雨を入れ、しっかり味をなじませて火を止める。キッチンばさみで10cm長さに切る。
❺ ③のボウルに④の春雨、ナムル4種を加えてよくあえ、塩、こしょう、ごま油で味を調える。

3種の生ナムルをのせたヘルシーな野菜ビビンバ
ビビンバ

材料（1人分）
ご飯……茶碗1杯分
せりの生ナムル(P44参照)……適量
大根の生ナムル(P46参照)……適量
白菜の生ナムル(P49参照)……適量
A［**しょうゆ味だれ**(P8参照)
　　……大さじ1
　　（または、しょうゆ、すり白ごま、ごま油各小さじ1　長ねぎのみじん切り大さじ1）
　粉唐がらし……小さじ1］
焼きのり……適量

作り方
❶ どんぶりにご飯を盛り、ナムル3種を彩りよくのせ、焼きのりをちぎってのせる。
❷ ①にAをかけ、よく混ぜてから食べる。

Part 3 ナムルの応用料理

そうめんで手軽に。酢コチュジャン味のたれがマッチ
ビビンめん

材料（1人分）
そうめん……2束
にんじんの炒めナムル(P22参照。
　　せん切りにして作る)……適量
きゅうりの生ナムル(P40参照。
　　せん切りにして作る)……適量
春菊の生ナムル(P49参照)……適量
A ┌ **コチュジャン味だれ**(P8参照)
　│　……大さじ3
　│（または、コチュジャン大さじ2　砂糖、
　│　すり白ごま、ごま油各大さじ1）
　└ 酢……大さじ1

作り方
❶そうめんは熱湯でゆでて、水でもみ洗いし、水けをきる。
❷ボウルに①を入れ、Aを大さじ3加えて混ぜ合わせる。
❸器に盛り、ナムル3種を彩りよくのせ、残りのAをかける。

ひき肉入りナムルや漬物ナムルで満足感もバッチリ！

焼き飯

材料（2人分）
ご飯……茶碗2杯分
じゃが芋の炒めナムル(P24参照)……適量
野沢菜漬けのナムル(P60参照)……適量
にんにくの茎と牛ひき肉の炒めナムル(P79参照)……適量
塩味だれ(P8参照)……大さじ1
　（または、塩小さじ1/4　すり白ごま、ごま油各小さじ2）
ごま油……大さじ1
ひまわりの種(殻むき)……適量

作り方
❶ナムル3種は細かく刻む。
❷フライパンにごま油を熱してご飯を炒め、油が全体にまわったら、塩味だれを加えて炒め、味がなじんだら①を加えて炒め合わせる。
❸器に盛り、ひまわりの種を散らす。

Part 3 ナムルの応用料理

塩味だれで味つけしたご飯でナムルを巻くだけ
韓国のり巻き

材料（2本分）
ご飯……茶碗2杯分
春菊のゆでナムル(P20参照)……適量
ごぼうの炒めナムル(P32参照)……適量
たくあんのナムル(P58参照)……適量
塩味だれ(P8参照)……大さじ1
　（または、塩小さじ¼　すり白ごま、ごま油各小さじ2）
韓国のり（または、焼きのり）……大2枚
いり白ごま……適量

作り方
❶ご飯に塩味だれを加えて混ぜ合わせる。
❷巻きすに韓国のりをのせ、奥を3cmほど残して①のご飯を広げる。ナムル3種をのせて、手前からしっかり巻く。もう1本も同様に作る。
❸食べやすい大きさに切って器に盛り、白ごまをふる。

ご飯の中央より少し手前に、3種のナムルを重ねるようにしてのせる。

生ナムルを巻くとさっぱり食べられる
ナムルの豚肉巻き

材料（1人分）
豚薄切り肉……3枚
香菜（シャンツァイ）の生ナムル(P45参照)……適量
えのきの生ナムル(P46参照)……適量
塩、こしょう……各少々

作り方
❶豚肉は広げて塩、こしょうをふる。
❷フライパンを熱し、油はひかずに①の両面を焼き目がつくまで焼く。
❸器に②とナムル2種を盛り、豚肉でナムルを巻いて食べる。

Part 3 ナムルの応用料理

辛みや香りのいいナムルで味にメリハリを
チヂミ

材料（直径6cm約5枚分）
生地
　小麦粉……50g
　水……70㎖
　塩……少々
白菜キムチのナムル(P61参照)……適量
えごまの葉と豚肉の炒めナムル(P77参照)……適量
長ねぎのみじん切り……小さじ2
A ┌ **しょうゆ味だれ**(P8参照)……大さじ1
　│　（または、しょうゆ小さじ2　すり白ごま、ごま
　│　油各小さじ1　長ねぎのみじん切り大さじ1）
　└ 酢……小さじ1

油……大さじ1

作り方
❶ ボウルに生地の材料を合わせ、ナムル2種と長ねぎを加えて混ぜ合わせる。
❷ フライパンに油を熱し、①を1/5量ずつ広げ、両面をこんがりと焼く。
❸ Aを混ぜ合わせたたれを添え、チヂミにつけて食べる。

ナムルで簡単！ 美肌にもいいヘルシースープ
大豆もやしのスープ

材料（2人分）
大豆もやしの蒸しナムル（P34参照）
　……100g
だし汁……カップ3
にんにくのすりおろし……小さじ1
万能ねぎ（2cm長さの細切り）……少々
塩、粉唐がらし……各少々

作り方
❶鍋にだし汁を煮立て、大豆もやしの蒸しナムルを入れ、にんにくのすりおろし、万能ねぎを加え、一煮立ちさせる。
❷味をみて、塩で味を調え、器に盛って粉唐がらしをふる。

干し野菜のナムルで滋味深い味わいに
納豆チゲ

材料（2人分）
ずいきのナムル（P56参照）……適量
干し白菜のナムル（P57参照）……適量
納豆（大粒とひき割り）……各1パック
絹ごし豆腐……½丁
長ねぎ……5cm
赤唐がらし……1本
だし汁……カップ2
A ┌ みそ……大さじ1
　├ コチュジャン……小さじ2
　└ にんにくのすりおろし……小さじ1
粉唐がらし……小さじ1

作り方
❶豆腐は角切りにし、長ねぎと赤唐がらしは小口切りにする。
❷鍋にだし汁を温め、A、ナムル2種、①、納豆を加えて一煮立ちさせ、粉唐がらしを加える。

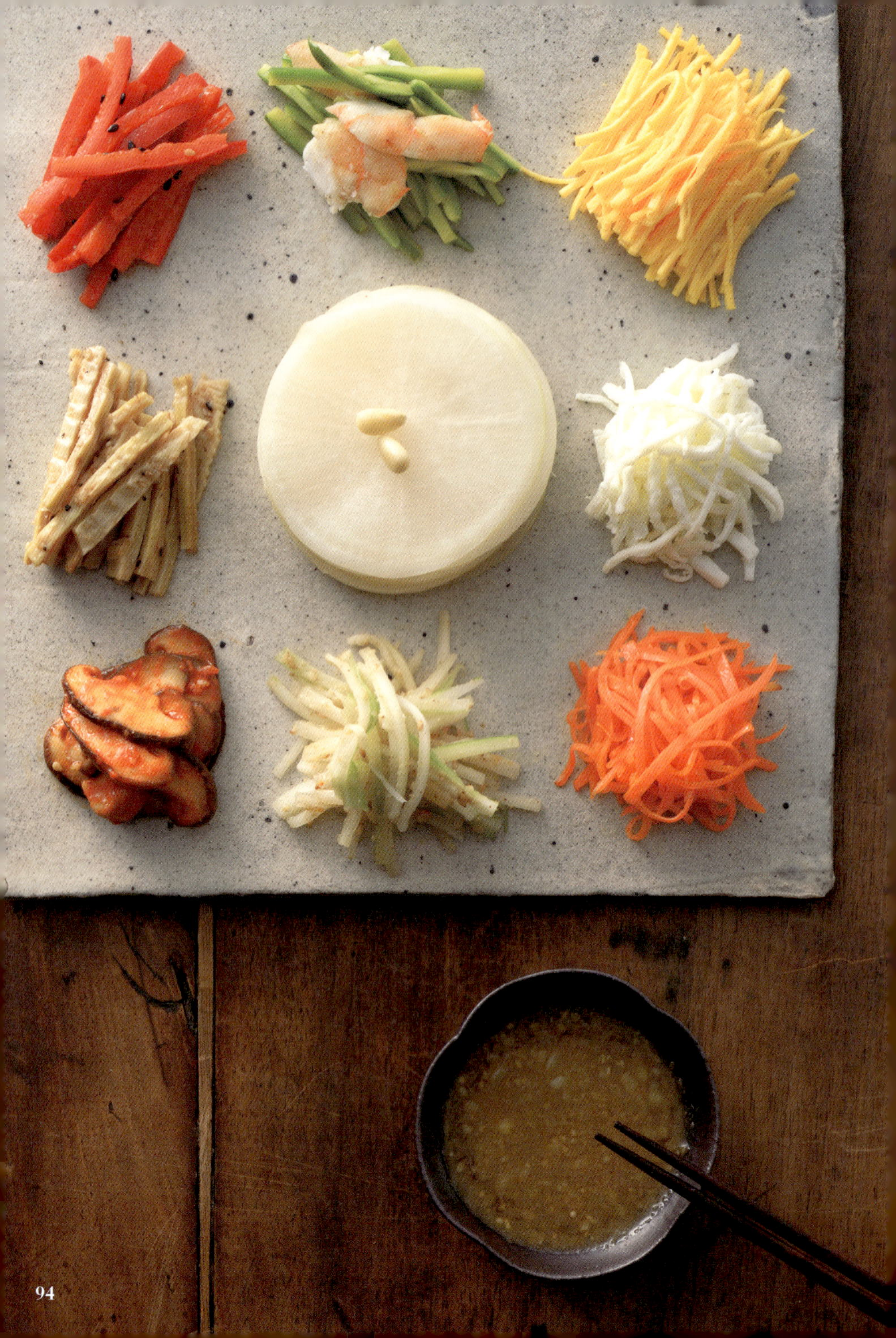

Part 3 ナムルの応用料理

韓国の宮廷料理を家庭で手軽に！
6種のナムルと錦糸卵で彩りよく

クジョルパン

材料（4〜5人分）
大根……10cm
A ┌ 酢……大さじ2
　├ 砂糖……大さじ1
　└ 塩……小さじ1/2
卵……2個
にんじんの炒めナムル
　（P22参照。せん切りにして作る）……適量
セロリの炒めナムル
　（P24参照。せん切りにして作る）……適量
しいたけの炒めナムル（P26参照）……適量
赤ピーマンの蒸しナムル（P38参照）
　……適量
干し竹の子のナムル（P55参照）……適量
韓国かぼちゃとえびの炒めナムル（P73参照。
　韓国かぼちゃはせん切りにして作る）
　……適量
からし味だれ（P9参照）……大さじ2
　（または、練りがらし小さじ1　薄口しょうゆ、
　酢、砂糖、松の実のみじん切り各小さじ2）
油……適量

作り方
❶大根は薄い輪切りにし、Aにしばらくつける。
❷2色の錦糸卵を作る。卵は卵黄と卵白に分け、それぞれを油少々を熱したフライパンで薄焼きにする。冷めてから、せん切りにする。
❸器の中央に①の大根を盛り、周囲に②とナムル6種を彩りよく盛る。大根の甘酢漬けに好みのナムルと錦糸卵を適量のせて巻き、からし味だれをつけて食べる。

薄い輪切りにして甘酢につけた大根を、薄焼き生地の代わりに用いる。

チョン・テキョン（鄭 泰慶）

料理研究家。韓国・ソウル生まれ。梨花女子大学校卒業後に初来日。駐日韓国大使館勤務の傍ら、懐石料理、和菓子、フランス料理などを修得、テーブルコーディネーターの資格や小原流いけばな師範免許を取得する。帰国後、宮中飲食研究院および伝統餅菓教育院修了。結婚後に再来日し、日本で韓国料理教室を主宰。カルチャーセンターの講師をはじめ、テレビ、新聞、雑誌、講演などを通じて、韓国料理文化の普及に励む。著書に『チヂミ100』（講談社）、『家庭で楽しむ韓国精進レシピ』『家庭で作れる韓国の常備菜』（以上、河出書房新社）、『秘伝のレシピで若返る 韓国美人食』（NHK出版）、共著書に『the korean table』（Tuttle社）がある。

http://www.chung-korean-cooking.com/

ブックデザイン　岡 睦、郷田歩美（mocha design）
撮影　青砥茂樹（本社写真部）
スタイリング　大畑純子
構成・編集　内田加寿子

料理アシスタント　李 正南、李 春和

講談社のお料理BOOK
ナムル100

2016年4月12日　第1刷発行
2024年2月5日　第6刷発行

著者　**チョン・テキョン（鄭 泰慶）**
　　　©Taekyung Chung 2016, Printed in Japan
発行者　清田則子
発行所　株式会社 講談社
　　　　東京都文京区音羽2-12-21　〒112-8001
　　　　電話　編集　03-5395-3527
　　　　　　　販売　03-5395-3606
　　　　　　　業務　03-5395-3615
印刷所　TOPPAN株式会社
製本所　株式会社若林製本工場

KODANSHA

落丁本・乱丁本は、購入書店名を明記のうえ、小社業務あてにお送りください。送料小社負担にてお取り替えいたします。
なお、この本の内容についてのお問い合わせは、編集あてにお願いいたします。
本書のコピー、スキャン、デジタル化等の無断複製は著作権法上での例外を除き禁じられています。本書を代行業者等の第三者に依頼してスキャンやデジタル化することは、たとえ個人や家庭内の利用でも著作権法違反です。

定価はカバーに表示してあります。　ISBN978-4-06-299673-0